AF411024

M. THIERS

ALTÉRÉ PAR LUI-MÊME.

Imprimerie d'Édouard Bautruche , rue de la Harpe , 90.

M. THIERS

ALTÉRÉ PAR LUI - MÊME

COMPLÉMENT INDISPENSABLE DE TOUTES LES ÉDITIONS

DE

L'HISTOIRE DE LA RÉVOLUTION FRANÇAISE,

PAR

GABRIEL DE MORTILLET.

PARIS,

AU BUREAU DE L'AMI DU PEUPLE,

11, RUE NEUVE-SAINT-MARC.

1846.

M. THIERS

ALTÉRÉ PAR LUI - MÊME.

La comparaison de deux éditions de l'*Histoire de la Révolution française* de M. Thiers offre de curieux résultats. L'auteur arrivé au pouvoir modifie ses idées, voit les événements sous un nouveau jour, aussi désire-t-il faire de nombreux changements à son livre. Une crainte le retient : il redoute la comparaison que nous entreprenons aujourd'hui, il a peur de voir ses palinodies démasquées. Les reproches sont bien forts et bien cruels quand ils s'appuient sur des preuves irrécusables. M. Thiers s'est donc contenté de prendre des demi-mesures. Il a introduit dans son ouvrage de légers palliatifs, il a changé quelques mots, retranché quelques épithètes, rarement des phrases. Il espérait que ces petites modifications échapperaient aux yeux de la critique, perdues qu'elles sont au milieu de changements destinés à améliorer le style.

Quand M. Thiers, alors inconnu, voulut publier son *Histoire de la Révolution*, il éprouva de grandes difficultés. Il ne trouvait pas d'éditeur ; pourtant il finit par en rencontrer un qui se chargea, à ses risques et périls, de faire paraître cet ouvrage, à la condition qu'au nom du jeune auteur serait joint celui de M. Félix Bodin. Les deux premiers volumes parurent sous ce patronage. M. Thiers s'en affranchit au troisième ; mais n'osant pas encore marcher sans appui, en constatant dans une note le succès du livre de M. Mignet, il a bien soin de le nommer *son ami*, comme pour se mettre sous sa protection (1ʳᵉ édit., t. III, p. vij).

L'*Histoire de la Révolution*, tout d'abord, ne réussit que médiocrement ; l'édition ne se vendit point toute entière. Pour donner de la vogue à cet ouvrage, il fallait que l'auteur devînt ministre. Alors, grâce à sa position élevée, les éditions ou tirages se succédèrent rapidement, et sont arrivés au treizième.

Désireux de faire disparaître la première édition, on dit que l'auteur-ministre en fit racheter ou échanger les exemplaires à Paris et dans les départements.

Je vais comparer cette première édition, commencée en 1823, avec la sixième qui a paru en 1837, ornée de gravures.

Je ferai précéder ce travail de quelques considérations sur les causes qui ont amené la Révolution. M. Thiers, dans son ouvrage, a regardé comme non avenue toute l'Histoire de France. En lisant son livre, on dirait qu'avant les événements qu'il raconte, notre pays n'existait pas, ou du moins qu'il n'avait rien produit de grand et de beau. On croirait que la révolution a été le résultat d'événements secondaires, et non la conséquence de la marche des idées.

Il est une école fatale et matérialiste qui ne voit dans l'histoire que des faits : elle ne reconnaît pas la puissante action des idées, elle n'aperçoit pas la marche incessante du progrès. Pour elle, tout événement, quelle qu'en soit l'importance, est le résultat du *hasard* : il dépend uniquement du beau ou mauvais temps, de quelques cartouches de plus ou de moins qui auront été brûlées, d'un sommeil trop lourd ou trop léger, en un mot, d'une faible circonstance toute fortuite. Il n'en est point ainsi ! Il est des événements essentiels qui arrivent forcément, parce qu'ils sont préparés par l'opinion publique, qui arrivent malgré tout, parce qu'ils répondent à un besoin. Quelques hommes d'élite les conçoivent d'abord, puis les masses éclairées les désirent et les obtiennent. Les circonstances peuvent entraver ou accélérer leur marche, mais elles n'ont pas assez de puissance pour les arrêter.

La Révolution française est un de ces événements. Elle est la suite et la conséquence forcée de notre histoire. Il serait absurde de croire, ainsi que veut l'établir M. Thiers, qu'elle est née des fautes commises sous le règne de Louis XV et de Louis XVI; elle a ses racines dans la lutte engagée entre la féodalité et la royauté.

Au moment de la grande puissance des seigneurs féodaux, la France était soumise à un gouvernement oligarchique. Le roi n'avait qu'une faible influence sur les grands vassaux du royaume. La bourgeoisie se voyait soumise à des levées, à des corvées et à des tailles; elle souffrait impatiemment la domination de tous ces orgueilleux et turbulents seigneurs. Aimant le repos, cherchant à améliorer sa position matérielle, elle se jetait dans les bras de la royauté. Ses intérêts la rapprochaient du trône; elle dépensait tous ses efforts pour faire triompher, dans toutes les occasions, la cause du roi; le roi était l'ennemi naturel de la féodalité.

Cet état de choses devait durer tant que l'influence des seigneurs se ferait sentir. C'est ce qui a eu lieu. Mais sitôt que la puissance active de l'aristocratie a été détruite, la royauté et la bourgeoisie se sont trouvées en présence; elles n'avaient plus d'ennemis communs à combattre; leur union devait donc cesser. Bien plus, il devait y avoir guerre, parce que les intérêts de ces deux *puissances* se trouvaient opposés. Telle est la cause de la Révolution française.

La bourgeoisie, lasse de se voir maîtriser par les seigneurs, et ne pouvant espérer les renverser à elle seule, s'était servi de la royauté pour détruire la féodalité. La royauté ayant pleinement triomphé, la bourgeoisie souffrit impatiemment la domination du roi; elle résolut donc de la secouer. Parmi ses membres, les uns, comme la plupart des députés de l'Assemblée législative, voulaient une monarchie constitutionnelle, les au-

tres, plus ardents et devançant leur siècle, désirèrent la république.

L'idée républicaine n'était point encore mûre. La république
fut orageuse et n'eut qu'une courte existence. Les esprits n'a-
vaient pas été assez préparés ; les questions n'avaient point été
résolues. Quelques hommes d'élite seulement s'étaient occu-
pés de ce mode de gouvernement ; ils avaient soupiré après le
règne de la liberté et désiré le gouvernement de tous par tous.
Le nom de ces hommes mérite d'être conservé et entouré de
respect.

Le premier est le sage historien Philippe de Comines, qui,
sous le modeste titre de *Mémoires*, a écrit l'histoire de France
sous Louis XI. C'était l'époque de la grande lutte entre le
pouvoir royal et la féodalité. L'idée de république ne pouvait
naître ; aussi de Commines parle-t-il avec beaucoup de respect du roi. Pourtant il reconnaît le grand principe de la souveraineté du peuple en matière d'impôt.

« Y a-t-il roi ni seigneur sur terre, dit-il, qui ait pouvoir,
outre son domaine, de mettre un denier sur ses sujets, sans
octroi et consentement de ceux qui le doivent payer, sinon par
tyrannie et violence?... Notre roi est le seigneur du monde qui
le moins a cause d'user de ce mot : *J'ai privilége de lever sur
mes sujets ce qui me plaît*, car ni lui ni autre l'a ; et ne lui font
nul honneur ceux qui ainsi le dient pour le faire estimer plus
grand. (Liv. v, chap. 19). »

Environ soixante ans plus tard, vers 1561, Etienne de La
Boétie développa un noble esprit de liberté républicaine dans
un discours sur la *Servitude volontaire.*

Ce libre penseur reconnaît «qu'à parler à bon escient, c'est un
extrême malheur d'estre subject à un maistre, duquel on ne
peult estre jamais asseuré qu'il soit bon, puisqu'il est tousjours
en sa puissance d'estre mauvais quand il vouldra. » Les rois ne
valent rien. » Ceulx qui naissent roys ne sont pas communément gueres meilleurs (que ceulx qui ont acquis le royaume
par le droict de la guerre); ains estants nays et nourris dans le

sang de la tyrannie, tirent avecques le laict la nature du tyran, et font estat des peuples qui sont soubs eulx, comme de leurs serfs héréditaires; et selon la complexion en laquelle ils sont plus enclins, avares, ou prodigues, tels qu'ils sont, ils font du royaume comme de leur héritage. *Celui à qui le peuple a donné l'Estat,* devroit estre, ce me semble, plus supportable; et le seroit, comme je crois, *n'estoit que deslors qu'il se veoid eslevé par dessus les aultres en ce lieu, flaté par je ne sçais quoy que l'on appelle la grandeur, il délibere de n'en bouger point : communément celuy là faict estat, de la puissance que le peuple luy a baillée, de la rendre à ses enfants :* or, deslors que ceulx là ont prins cette opinion, c'est chose estrange de combien ils passent, en toutes sortes de vices, et mesme en la cruauté, les aultres tyrans; *ils ne veoyent aultre moyen, pour asseurer la nouvelle tyrannie, que d'estendre fort la servitude, et estranger tant les subjects de la liberté, encores que la mémoire en soit fresche, qu'ils la leur puissent faire perdre (1).* » La liberté « est toutesfois un bien si grand et si plaisant, que, elle perdue, tous les maulx viennent à la file, et les biens mesmes qui demeurent aprez elle perdent entièrement leur goust et saveur, corrompus par la servitude. » Écoutons le conseil que donne de la Boélie : « Soyez resolus de ne servir plus; et vous voylà libres. — Quoy? si pour avoir la liberté, il ne luy fault que la désirer; s'il n'a besoing que d'un simple vouloir, se trouvera il nation au monde qui l'estime trop chere, la pouvant gaigner d'un seul souhait? et qui plaigne sa volonté à recouvrer le bien lequel on debvroit racheter au prix de son sang? et lequel perdu, touts les gents d'honneur doibvent estimer la vie desplaisante et la mort salutaire? »

Ces nobles idées de liberté étaient partagées par un grand nombre d'hommes éminents; l'impartial historien de Thou nous en fournit la preuve. « Parmi les seize, dit-il, les honnêtes gens

---

(1) Nous engageons fort nos lecteurs à réfléchir sur les deux phrases écrites en italiques.

et ceux qui n'étaient pas d'imbécilles fanatiques s'étaient formé
je ne sais quel plan de république. Il y a eu de tout temps en
France des citoyens qui ont soupiré pour la liberté. »

Un de ces citoyens, François Hotman, publiait du vivant de
de Thou un ouvrage intitulé : *Franco-Gallia*. Ce travail eut le
plus grand succès. L'auteur, par aversion de la royauté abso-
lue, s'était fait un système de gouvernement mixte, dans lequel le roi devait être soumis à l'autorité d'une assemblée nationale. Cette idée se répandit rapidement et passa dans le parti
de la ligue, lequel, conformément à son origine toute municipale et plébéienne, désirait une monarchie élective et la souveraineté du peuple.

La main de fer de Richelieu et l'absolutisme de Louis XIV
ne détruisirent pas les idées républicaines. Une censure sévère
empêcha de les émettre dans les ouvrages publiés à cette
époque; mais elles ne vivaient pas moins ardentes et actives
dans le cœur des hommes les plus distingués. Sous un pré-
texte romain ou grec, nos auteurs dramatiques les exposaient
et même les développaient sur la scène. D'autres les confiaient
à des manuscrits ou à des notes : c'est ainsi que fit Mézerai,
suivant Camille Desmoulins. « A la marge de son exemplaire
de d'Aubigné, on est bien surpris de trouver ce vœu écrit de
la main de Mézerai, il y a cent soixante ans. *Duo tantum hœc
opto; unum ut moriens populum Francorum liberum relinquam;
alterum, ut ita cuique eveniat, sicut de republicâ merebitur.* »

Sous Louis XV et Louis XVI, le pouvoir manquant d'énergie,
la corruption des mœurs indignant les natures généreuses, les
idées républicaines se firent jour de toutes parts. Tout l'appa-
reil des lettres de cachet et des prisons d'État ne put intimider
les auteurs; l'esprit républicain se glissa dans tous les ouvrages. La littérature des 17ᵉ et 18ᵉ siècles est trop connue pour
que je fasse des citations; et puis, tous les auteurs qui ont écrit
sur la Révolution en ont parlé.

Je me bornerai, en terminant, à rendre hommage à Mably,
homme de bien, logicien froid et intrépide qui, le premier, fit

entrer dans le langage usuel les mots de *patrie*, de *citoyen*, et les formules *volonté générale, souveraineté du peuple.*

<hr>

Ier volume des deux éditions.

Dès l'*entrée en matière* nous voyons le jeune auteur s'enthousiasmer pour les hommes qui aiment la liberté, enthousiasme qui se calme chez le ministre.

« Nous avons l'avantage d'avoir entendu et observé ces vieillards, dont les uns, violents et tourmentés encore, révèlent toutes les fureurs des partis ; dont les autres, sereins et augustes, aiment la liberté comme dans les premiers jours d'espérance, et aujourd'hui même ne regrettent aucune des souffrances qu'ils ont endurées pour elle. (1re édit. p. 2.)».

Nous avons l'avantage d'avoir entendu et observé ces vieillards qui, tout pleins encore de leurs souvenirs, tout agités de leurs impressions, nous révèlent l'esprit et le caractère des partis, et nous apprennent à les comprendre. (6° édit. p. 2.) ».

Ces mots : *hommes sereins et augustes, aimant la liberté,* désignaient surtout Lafayette. Quand M. Thiers était simple écrivain, ce général lui paraissait un héros ; quand il est devenu homme politique, il a jalousé sa popularité; de là le retranchement que nous signalons. Plus loin il fait le portrait du général : nous le voyons encore l'amoindrir dans la sixième édition.

« Lafayette n'avait pas ce degré de passion et de génie qui toujours fait abuser de la puissance. (1re, p. 123.) ».

« Lafayette n'avait pas les passions et le génie qui font souvent abuser de la puissance. (6°, p. 111.) ».

La première rédaction est un éloge : *La passion et le génie de Lafayette* ne dépassaient jamais de justes bornes. La seconde est une injurieuse imputation : l'auteur paraît refuser *la passion et le génie.* Une ligne après, on lit dans la première édition : il avait un *esprit fin et étendu*. Dans la sixième édition, *étendu* est retranché. Plus loin :

« Lafayette, malgré son infatiga-|« Lafayette, malgré toute sa vi-
ble vigilance. (1re. p. 124.) ».|gilance. (6e, p. 111.) ».

L'arrivée de M. Thiers aux affaires a été, bien plus encore, défavorable au peuple.

Il reconnaissait autrefois que la nation était *éclairée*, maintenant il retranche systématiquement cette épithète (1re et 6e, p. 4, id. p. 6). Il nous montre même la nation *dogmatisant avec ignorance* au lieu de *sans mesure* qui se trouve dans la première édition (1re et 6e, p. 6).

De peur de paraître reconnaître la souveraineté du peuple, ayant dit que les premières autorités de l'État disputent un objet (le pouvoir) en présence du *maître* légitime (la nation) (1re, p. 27), il remplace le mot *maître* par le mot beaucoup plus vague *propriétaire* (6e, p. 25).

Le peuple n'étant plus souverain ne saurait avoir une juste *ambition*, c'est bien assez de lui accorder des *prétentions* : aussi *ambition populaire* (1re, p. 35), est-il remplacé par *prétentions nationales* (6e, p. 32).

On doit encore remarquer ici que le mot *national* a été mis à la place du mot *populaire*. Une tactique de l'auteur, pour amoindrir *le peuple*, est de ne plus mettre son nom que le moins possible. Il le retranche complétement (1re, p. 129, 6e, p. 115), ou le remplace par *citoyens* (1re, p. 94, 6e, p. 85), *populace, multitude, foule* (1rd, p. 126 et 127, 6e, p. 113; 1re, p. 163; 6e, p. 144), *parti populaire* (1re, p. 251, 6e, p. 225).

Les membres les plus *populaires*|« Les membres les plus *signalés*
de l'Assemblée. (1re, p. 103.) ».|de l'Assemblée. (6e, p. 93.) ».

L'abolition des restes barbares de la féodalité « était la dernière justice due au *peuple* (1ʳᵉ, p. 139) » est remplacé par « due à l'*humanité* (6ᵉ, p. 124). »

Par suite de la même tactique, quand il y a une fâcheuse imputation à faire peser sur le peuple, nous voyons parfois son nom apparaître dans la sixième édition, tandis qu'il ne se trouve pas dans la première. Après avoir rendu compte des séances de l'Assemblée constituante, il dit qu'il ne convenait pas *à la populace* de s'arrêter dans de justes bornes (1ʳᵉ, p. 339), *populace* a été remplacé par *peuple* (6ᵉ, p. 304); et dans le récit des journées des 5 et 6 août, au lieu de *fureur de la multitude* il y a *fureur populaire* (1ʳᵉ, p. 193, 6ᵉ, p. 172).

Le mot *régiment* a été substitué au mot *soldat*, qui a également quelque chose de trop démocratique. Au lieu de *ses soldats, son régiment* (1ʳᵉ, p. 89, 6ᵉ, p. 80).

Depuis que, grâce au courage du peuple, M. Thiers est au pouvoir, il craint ce courage, aussi voudrait-il le mettre en doute. Dans les premiers moments de l'Assemblée nationale, disait-il autrefois, « le courage du peuple n'était qu'un rêve heureux, et point encore une réalité sanglante. » Après 1830, le second membre de phrase a complétement disparu (1ʳᵉ, p. 78, 6ᵉ, p. 71).

« Ce peuple, que les bons citoyens s'efforçaient de retenir, ne voulait plus piller ; et avec sa mobilité ordinaire, il se montrait maintenant désintéressé, il respectait l'or, ne prenait que les armes, et arrêtait lui-même les brigands. (1ʳᵉ, p. 99.)».	« Le peuple se montrait maintenant ennemi du pillage ; avec sa mobilité ordinaire, il affectait le désintéressement, il respectait l'or, etc. (6ᵉ, p. 89) ».

Jeune homme, M. Thiers reconnaissait que les *bons citoyens* se sont mêlés au peuple et ont tâché de le retenir quand ses passions, sujettes à l'exagération, l'entraînaient trop loin. Douterait-il de ce fait depuis 1830, époque à laquelle lui et ses amis se sont trouvés avec le peuple ?

Pourquoi *montrer* du désintéressement, a-t-il été remplacé par *affecter* le désintéressement ? Le peuple tout entier à ses passions ne sait pas dissimuler, *affecter*; il se montre tel qu'il est. Le désintéressement est une de ses vertus, vertus que ne peut comprendre l'aristocratie d'argent. Pendant les journées de juillet, ne l'avons-nous pas vu, de nouveau, s'emparer des armes et respecter l'or? Ne l'avons-nous pas vu fusiller sur place des voleurs?

Les coupures de passages favorables au peuple sont encore nombreuses. En voici plusieurs :

« Ce n'est plus désormais par des refus, car l'aristocratie ne peut plus rien contester, c'est par des regrets imprudents, par de vaines tentatives pour recouvrer le passé, qu'on va tenir le peuple en haleine, et le porter aux derniers excès (1re, p. 119, 6e, p. 106). »

Ces lignes, qui servent d'excuse aux troubles causés par le peuple, ont été complétement supprimées dans la sixième édition.

Le peuple excité « voit dans chaque homme un ennemi, *et se laisse tout persuader par le besoin de croire et d'agir* (1re, p. 124, 6e, p. 111). » Ces derniers mots, qui pallient et expliquent bien des faits, ont été retranchés. L'historien, devenu ministre, fait peser sur le peuple tout le poids de ses actions, il désire laisser ignorer que ce peuple a été poussé par d'infâmes instigateurs *ennemis de la chose publique*, comme il le dit lui-même quelques pages plus loin (1re, p. 127). Il veut qu'on oublie que les meurtres et le pillage ont été commis par *des brigands* qui, le 5 octobre 1789, « voulurent mettre le feu à l'Hôtel-de-Ville, d'*où partaient chaque jour des ordres qui arrêtaient leurs fureurs* (1re, p. 185). » Ces derniers mots ont été supprimés dans la sixième édition (6e, p. 165).

Ailleurs :

« Mais le peuple ne recouvre pas ses droits avec la même modération qu'on met à les lui rendre ; et ceux qui ont profité, pour l'opprimer, de son défaut de raison, doivent souffrir de ce même défaut quand il se soulève. Des violences, etc. (1re, p. 148) ».

« Malheureusement, un peuple ne sait *jamais* rentrer avec modération dans l'exercice de ses droits. Des violences, etc. (6e, p. 132) ».

La justice et l'impartialité exigent que je cite une coupure faite en faveur du peuple, c'est la seule que j'ai trouvée.

<table>
<tr><td>« Bailly fut obligé de s'ensevelir jour et nuit (dans le comité des subsistances), pour y nourrir le peuple, au milieu des outrages (1re, p. 121)».</td><td>« Bailly fut obligé de s'en occuper (des subsistances) jour et nuit (6e, p. 108) ».</td></tr>
</table>

Probablement ce changement a été fait afin de rendre le récit plus concis et plus net. L'auteur y trouve l'avantage de retrancher une fois de plus le mot *peuple*, et puis c'est une répétition de moins, on lit page 104 : « Bailly s'occupa de nourrir le peuple qui devait l'en payer par tant d'ingratitude. »

La liberté a été aussi maltraitée que le peuple. M. Thiers lui a tourné le dos en arrivant au pouvoir. Il évite d'en parler. Il retranche le mot que Mirabeau prononça à l'Assemblée constituante, quand la cour s'environnait de troupes : « Il faut suspendre les travaux pour s'assurer si on est libre (1re, p. 93, 6e, p. 84).» Ce mot, répété à la chambre des députés dans plusieurs occasions, surtout à propos des fortifications, aurait été très-dangereux.

Ailleurs, parlant de Necker :

<table>
<tr><td>« Tandis qu'il ne songeait qu'aux finances, il ne comprenait pas que l'assemblée ne songeât qu'à la liberté (1re, p. 150) ».</td><td>« Tandis qu'il ne songeait qu'à des questions financières, il ne comprenait pas que l'assemblée ne songeât qu'à des questions politiques. (6e, p. 154) ».</td></tr>
</table>

Pour faire oublier ces altérations du texte primitif, en donnant le change, et peut-être un peu par jalousie, notre auteur a renforcé les reproches adressés aux aristocrates. Ils étaient d'abord les « *détenteurs* de tous les droits nationaux (1re, p. 6),» il en fait les *usurpateurs* (6e, p. 6).

Quand il parle du jeune Cazalès :

« Il est à regretter que son esprit si juste ait été consacré à une cause qui n'a eu de bonnes raisons à fournir qu'après avoir été persécutée. (1ʳᵉ, p. 131) ».	« On doit regretter que son esprit si juste ait été consacré à une cause qui n'a eu quelques raisons à faire valoir qu'après avoir été persécutée. (6ᵉ, p. 117) ».

En revanche, faisant partie de la nouvelle cour, il a affaibli les passages dans lesquels il attaquait l'ancienne cour et la monarchie, et ceux où il se montrait trop partisan des manifestations nationales.

« La cour, désormais liguée avec l'aristocratie, continuait ses menées. (1ʳᵉ, p. 91) ».	« Pendant ce temps la cour poursuivait des préparatifs secrets. (6ᵉ, p. 82) ».
« Qui certainement tendaient à employer violemment la force. (1ʳᵉ, p. 92) ».	Qui certainement faisaient craindre l'emploi de la violence. (6ᵉ, p. 83) ».
« Les courtisans formaient des plans, faisaient courir des projets, exigeaient des engagements pour leur exécution; et suivant l'usage des cours, l'orgueil, se relevant sur une simple espérance, en devenait plus menaçant que jamais. (1ʳᵉ, p. 178-179) ».	« Les courtisans formaient des plans, faisaient courir des projets, cherchaient à enrôler du monde, et, se livrant à de vaines espérances, se trahissaient par d'imprudentes menaces. (6ᵉ, p. 159) ».

Il repousse la responsabilité royale. Les fautes commises sous le règne de Louis XVI, avait-il dit, « devenaient les siennes parce qu'il était le chef de l'Etat (1ʳᵉ, p. 33), » Il substitue les mots : « parce qu'il les laissait commettre (6ᵉ, p. 30). »

Voici le retranchement le plus significatif fait dans un esprit monarchique, il montre un revirement complet d'idées et d'opinions. On lit dans la première édition : La monarchie exige donc une grande concession des esprits ; IL FAUT QU'ILS RENONCENT A FAIRE LE BIEN, *et consentent seulement à empêcher le mal.* (1ʳᵉ, 157). » Paroles écrasantes qui ont été supprimées. Elles étaient trop vraies. On ne trouve plus dans la sixième édition que ces mots : La monarchie bien entendue exige donc de grandes concessions de la part des esprits (6ᵉ, p. 139) ».

Puisque M. Thiers faisait des concessions à la cour citoyenne, à plus forte raison a-t-il dû en faire à la famille d'Orléans. Philippe-Egalité était très-épargné dans l'*Histoire de la Révolution française*, néanmoins la force des faits nécessitait de nombreuses manifestations de blâme. L'auteur, reçu comme commensal au Palais-Royal, ancien Palais-Egalité, a fait tous ses efforts pour amoindrir les reproches que la vérité historique avait arrachés à sa plume.

Le duc d'Orléans « fut accusé de diverses menées » et d'avoir excité le pillage de la maison Réveillon (1re, p. 24). Le mot *accuser* étant trop fort, fut remplacé par *imputer*. « On lui imputa diverses menées » et on le *rendit responsable* de l'événement du faubourg Saint-Antoine (6e, p. 38).

« Les ennemis du parti populaire accusèrent le duc d'Orléans d'avoir voulu essayer sa milice rebelle (1re, p. 44) ».

« Les ennemis du parti populaire accusèrent le duc d'Orléans d'avoir voulu essayer ces bandes révolutionnaires (6e, p. 59) ».

Le 4 mai 1789, à la procession de l'Assemblée nationale :

« On observa que le duc d'Orléans, placé à la suite de la noblesse, et précédant immédiatement le Tiers-État, aimait à demeurer en arrière et à se confondre avec les premiers députés *populaires* : insouciant et gai, l'avenir semblait lui sourire; ne désirant rien fortement, ses vœux étaient comblés s'il obtenait quelque chose, peu contrariés s'il n'obtenait rien ; il jouissait ainsi des rêves de l'ambition sans en éprouver les tourments (1re, p. 46) ».

« On observa que le duc d'Orléans, placé à la queue de la noblesse, aimait à demeurer en arrière et à se confondre avec les premiers députés du Tiers (6e, p. 45) ».

« Le jardin du Palais-Royal était le rendez-vous des étrangers, des débauchés, des oisifs, et surtout des plus grands agitateurs. Les discours les plus hardis étaient proférés dans les cafés ou dans le jardin même. Des hommes qu'on supposait dévoués au duc d'Orléans, s'y montraient les plus ardents. Les richesses de ce prince, ses prodigalités connues, ses emprunts énormes, son voisinage, son ambition, quoique vague, tout a dû le faire accuser. L'histoire, sans désigner aucun nom, peut assurer du moins que l'or a été répandu. Si la partie saine de la nation voulait ardemment la liberté , la multitude inquiète et souffrante voulait s'agiter et faire son sort meilleur.

« Il y a eu des instigateurs qui ont excité cette multitude , et qui ont souvent dirigé ses coups et ses pillages. Sans doute ce n'est point avec de l'or et des manœuvres secrètes qu'on met en mouvement toute une nation ; mais une fois excitée , c'est souvent par ce moyen qu'on la dirige et qu'on l'égare (1ʳᵉ, p. 87-88) ».

« Il y a eu aussi des instigateurs qui ont quelquefois excité cette multitude et dirigé peut-être quelques-uns de ses coups. Du reste , cette influence n'est point à compter parmi les causes de la Révolution , car ce n'est pas avec un peu d'or et des manœuvres secrètes qu'on ébranle une nation de vingt-cinq millions d'hommes (6ᵉ, p. 79-80) ».

Avec quel art ce passage est modifié ! Le jeune homme avait raison de rendre d'infâmes instigateurs responsables des pillages et des désordres commis par le peuple. Il nous montrait la multitude excitée et entraînée par les brigands, qui voulaient brûler l'Hôtel-de-Ville. Le ministre d'un roi de la famille d'Orléans, de peur de voir rejeter sur Philippe-Egalité les excès qui ont eu lieu, aime mieux les laisser peser entièrement sur le peuple. Il y aura toujours guerre entre la démocratie et le trône. Quelle jésuitique adresse M. Thiers met à tourner la question, afin de sauver son protégé et de plaire à son protecteur !

Une des grandes préoccupations de notre auteur est de réhabiliter Mirabeau. Compatriote du fougueux orateur, il a été en rapport avec les membres de sa famille, et a reçu complétement leur influence. Les notes 7 et 10 prouvent ces rapports. On lui a confié des papiers qui, dit-il, seront bientôt publiés. Quatorze ans après on trouve la même phrase en tête de la 7ᵉ note. M. Thiers nie toute union entre Mirabeau et le duc d'Orléans. Le député de Marseille ne s'est vendu qu'à la cour, et encore ce sont ses opinions qui l'ont poussé à conclure un marché avec elle. « Mirabeau (qui depuis assez longtemps s'abouchait avec la famille royale) fit enfin des conventions avec la cour, par le secours d'un intermédiaire. Il énonça ses principes dans une espèce de profession de foi, il s'engagea à ne pas s'en écarter, et à soutenir la cour tant qu'elle demeurerait sur la même ligne. On lui donnait en retour un traitement assez considérable. La morale sans doute condamne de pareils traités, et veut (*et on veut* (6e édit., p. 200) que le devoir soit fait pour le devoir seul. Mais était-ce là se vendre ? (1re, page 225). » C'est fort joli ! Ce n'est point se vendre que d'accepter de l'argent pour soutenir un principe et des personnes que l'on a combattus avec le plus violent acharnement. Votre morale, M. Thiers, est élastique et commode; grâce à elle, on ne pourra pas vous accuser de palinodie. En effet, ce n'est pas être girouette que de se servir du peuple pour arriver au pouvoir, et de le renier une fois qu'on y est.

Après la fuite du roi à Varennes « Barnave et les Lameth firent ce qu'ils avaient tant reproché à Mirabeau : ils prêtèrent secours au trône et s'entendirent avec la cour. Il est vrai qu'ils ne reçurent aucun argent (6e, p. 293). » Comment l'auteur ose-t il rapprocher ces deux faits? Ici c'était du pur dévoûment; là de la spéculation. Ces derniers étaient guidés par le cœur, le premier par la bourse. S'ils n'avaient pas ouvertement reproché à Mirabeau le prix de son alliance, c'est un titre de plus pour eux : cela prouve leur urbanité.

«Cet homme extraordinaire, après avoir audacieusement attaqué et vaincu les vieilles races, osa retourner ses efforts contre les nouvelles qui l'avaient aidé à vaincre, les arrêter de sa voix et la leur faire aimer en l'employant contre elles (6e, p. 275). » Ce serait là un très-beau titre de gloire, s'il avait agi ainsi spontanément et dans le but d'être utile au peuple. Ce titre de gloire, du reste, a été mérité par le général Lafayette. Pourquoi l'auteur ne l'a-t-il pas remarqué? Le 28 février, Lafayette dispersa le peuple, qui, conduit par Santerre, était allé attaquer le donjon de Vincennes. Le même jour, les habitués du château des Tuileries s'y étaient rendus au nombre de plusieurs centaines. Ils portaient des armes cachées. Lafayette survint, fit évacuer le château et s'empara des armes (6e, p. 267). Voilà, je crois, une conduite bien plus noble que celle de Mirabeau louvoyant entre la nation et le roi, afin de ne perdre ni sa popularité ni sa pension.

Loin de moi de vouloir rabaisser Mirabeau ; c'est une des plus grandes et des plus étonnantes figures de la Révolution. Fougueux orateur, personne ne sut mieux que lui s'emparer de ses auditeurs, et leur imposer sa volonté et sa pensée. Mais il faut que justice soit rendue à chacun, l'histoire doit être impartiale. Qui ne sourira en lisant ce mot sur Mirabeau mourant : « Cependant sa *conscience était satisfaite*; *l'estime publique* s'unissait à la sienne, et l'assurait que, s'il n'avait pas encore assez fait pour le salut de l'État, il avait du moins assez fait pour sa gloire (6e, p. 272) ».

Il semble que M. Thiers n'avait pas assez exalté Mirabeau dans la première édition. Ayant défectionné, et s'étant rallié à la monarchie, il cherche à rehausser encore davantage le héros de la défection. Dans la sixième édition (p. 275), il a retranché la phrase suivante :

Ainsi finit cet homme extraordinaire, « qui dut être beaucoup loué, beaucoup blâmé et faire beaucoup de bien et de mal, ar le génie n'est qu'une plus grande aptitude à l'un et à l'autre (1er, p. 306-307) ».

Il est un changement qui doit bien plus surprendre que tout autre, portant sur des paroles attribuées à Mirabeau :

<table>
<tr><td>

« Mon ami , dit-il à Cabanis , je mourrai aujourd'hui : il ne reste plus qu'à s'envelopper de parfums, qu'à se couronner de fleurs et s'environner de musique , afin de se livrer paisiblement au sommeil (1er, p. 305) ».

</td><td>

« Mon ami , dit-il à Cabanis , je mourrai aujourd'hui : il ne reste plus qu'à s'envelopper de parfums , qu'à se couronner de fleurs, qu'à s'environner de musique , afin d'entrer paisiblement dans le sommeil éternel (6e, p. 274). »

</td></tr>
</table>

Le sens est bien changé : quelles sont les paroles de Mirabeau? Si ce sont les paroles matérialistes de la sixième édition, c'est là un triste titre de gloire. L'immoralité espérant le néant!

Relevons encore le mépris que M. Thiers affecte envers la philosophie. Lorsqu'il parle de la *célèbre* Déclaration des droits de l'homme, triomphe des idées philosophiques, invoqués par la politique pour arriver au juste, il cherche à amoindrir le fait. Pourtant, malgré lui, il s'est vu débordé par l'éloge.

« Cette idée (la Déclaration des droits) avait quelque chose d'imposant qui saisit l'assemblée. L'élan des esprits les portait à tout ce qui avait de la grandeur; cet élan produisait leur bonne foi, leur courage, leurs bonnes et mauvaises résolutions. Ils saisirent donc cette idée et voulurent la mettre à exécution... La France rompant avec le passé, et voulant remonter à l'état de nature, dut aspirer à donner une déclaration complète de tous les droits de l'homme et du citoyen. On parla d'abord de la nécessité et du danger d'une pareille déclaration.

« On parla beaucoup et inutilement, car il n'y avait aucune nécessité de la faire, et elle n'était bonne qu'à satisfaire les esprits philosophiques. Il n'y avait point non plus de danger, car le peuple ne comprenait rien à ces formules générales. Ce n'est pas en effet la Déclaration des droits qui produisit l'exaltation des esprits ; c'est cette exaltation au contraire qui produisit la Déclaration des droits.

« On discuta beaucoup et inutilement sur ce sujet, car il n'y avait ni utilité, ni danger à faire une déclaration composée de formules auxquelles le peuple ne comprenait rien; elle n'était quelque chose que pour un certain nombre d'esprits philosophiques, qui ne prennent pas une grande part aux séditions populaires.

« Il fut enfin décidé qu'elle serait faite et placée en tête de l'acte constitutionnel... Il n'y avait là qu'un mal, celui de perdre quelques séances à un lieu commun philosophique. (1re, pages 153, 154 et 155, 6e, p. 136, 137, 138). »

Le mot *philosophie* est vraiment travesti d'une singulière façon dans l'*Histoire de la Révolution.*

L'auteur, après avoir parlé de la *conscience satisfaite* de Mirabeau et de l'*estime publique qui s'unissait à la sienne,* ajoute :

« La philosophie et la gaîté se partagèrent ses derniers instants (1ᵉ, p. 303).» Ce passage a été retranché dans la sixième édition (p. 272).

M. Thiers a sagement pensé que *la philosophie et la gaîté* de l'auteur du *Biblion Erotikon,* du *Rideau levé,* de *Ma Conversion,* ouvrages dignes du marquis de Sade, feraient sourire de pitié tous les gens sensés. Certes, c'est bien assez d'avoir conservé la *conscience* et l'*estime.* Ces mots peuvent-ils s'appliquer à l'homme dont Joseph Chénier a dit ; « Il n'eut de l'orateur que l'éloquence»?

Nous avons vu que Lafayette avait eu à souffrir des corrections et changements faits aux nouvelles éditions. Il n'est pas le seul : Necker, le grand partisan de la paix universelle, a dû aussi encourir la réprobation de M. Thiers, devenu l'homme de la guerre. En 1823, Necker était un « financier *habile,* un économe intègre ; » en 1837, il n'est plus qu'un « financier économe et intègre. » Autrefois simplement « génie moins *ferme* que Turgot, » il est maintenant « génie moins *vaste* (1ᵉ et 6ᵉ, p. 8).»

Sieyès, esprit froid, mais vaste , *profond*, vigoureux , et opiniâtre comme tous ces *génies* systématiques (Iᵉ, p. 60).	« Sieyès, esprit vaste, systématique et vigoureux dans ses déductions (6ᵉ, p. 54).

« *Par conviction* et par l'erreur d'un esprit absolu, ne voulait ni des deux chambres, ni de la sanction royale. (1ᵉ, p. 158; 6ᵉ, p. 141).» Maintenant que M. Thiers est au pouvoir, il se garde bien de dire que, *par conviction,* on peut ne pas vouloir les deux chambres et la sanction royale : aussi ces mots ont-ils été supprimés dans la sixième édition.

Il serait plus difficile d'expliquer pourquoi Lally-Tolendal a perdu sa *sensibilité.*

« Lally-Tolendal, sensible et éloquent, célèbre déjà par les malheurs
de son père et ses touchantes réclamations (Ire, p. 70). »

« Lally-Tolendal, célèbre déjà par
les malheurs de son père et ses élo-
quentes réclamations (6e, p. 64). »

En 1823, M. Thiers avait acordé *une imagination gigantesque*
(1re, p. 262) à Anacharsis Clootz, qui « demanda, au nom du
genre humain, à faire partie de la fédération. » En 1857, son
imagination fut taxée de *folle* (6e, p. 235), épithète contredite
par les lignes qui la suivent : « Ces scènes qui paraissent ridi-
cules à ceux qui ne les ont pas vues, émeuvent profondément
ceux qui y assistent. »

Il nous reste encore à relever quelques changements très-
significatifs qui nous montrent bien la métamorphose produite
chez l'écrivain par la possession du pouvoir.

Après le pillage de la maison Réveillon et l'intervention tar-
dive et cruelle des troupes :

« On lui supposa (à la cour) l'intention de laisser commencer le peuple pour faire un exemple, et de plus
de s'assurer de ses troupes, en les
exerçant dans cette émeute (Ire, p.
43). »

« On supposa qu'elle (la cour) avait
voulu laisser le peuple s'engager ,
pour faire un exemple et exercer ses
troupes (6e, p.39). »

L'auteur, de peur d'attaquer le pouvoir qui, depuis 1830,
s'est plusieurs fois rendu coupable de la faute qu'il reproche à
la cour de 1789, glisse maintenant sur ce passage et l'amoin-
drit autant que possible. La même tactique se remarque à propos des passages suivants :

Le dimanche, 17 juillet 1791, le peuple s'étant porté au
Champ-de-Mars, Bailly s'y rendit,

« Fit déployer le drapeau rouge,
et, en vertu de la loi martiale, somma
les rebelles de se retirer. Sa *somma-
tion*, quoi qu'on ait dit, était juste.
(1re, p. 358) ».

« Fit déployer le drapeau rouge
en vertu de la loi martiale. L'emploi
de la *force*, quoi qu'on ait dit, était
juste (6e, p. 302) ».

<table>
<tr>
<td>

« Il s'avança avec ce courage im-
passible qu'il avait toujours montré,
reçut sans être atteint plusieurs
coups de feu, et fit enfin les somma-
tions d'usage (1re, p. 538). »

</td>
<td>

« Il s'avança avec ce courage im-
passible qu'il avait toujours montré,
reçut sans être atteint plusieurs
coups de feu , et au milieu du tu-
multe ne put faire toutes les som-
mations voulues (6°, p. 303).»

</td>
</tr>
</table>

Ce changement a pour but évident d'excuser le gouvernement de 1830. Plusieurs fois il a employé la force, et souvent
on lui a reproché de n'avoir pas fait toutes les sommations
voulues. Quel est le texte le plus vrai? je crois que c'est celui
de 1823, parce qu'il a été écrit dans un moment où l'impartialité de l'auteur n'était contrariée par aucune considération personnelle.

Continuons à citer :

« Une législation tout entière à donner à un grand peuple
excite si fortement les esprits, inspire des projets si vastes, des
espérances si chimériques, qu'on devait s'attendre à des mesures
ou vagues ou exagérées, et *quelquefois* hostiles (1re, p. 85). »
Quelquefois a été remplacé par *souvent hostiles* (6°, p. 76).

Le peuple se porta à l'Abbaye, le 30 juin 1789, pour en tirer
des gardes françaises, emprisonnés par ordre de la cour.

<table>
<tr>
<td>

« Placé entre le peuple d'une part,
et le *pouvoir* de l'autre , qui était
suspect puisqu'il allait agir dans sa
propre cause, l'assemblée ne pouvait
manquer d'intervenir et de *s'exposer
à empiéter* en se mêlant de la police
publique (1re, p. 90). »

</td>
<td>

« Placé entre le peuple d'une
part, et le *gouvernement* de l'autre,
qui était suspect puisqu'il allait agir
dans sa propre cause, l'assemblée
ne pouvait manquer d'intervenir , et
de *commettre un empiétement* en
se mêlant de la police publique (6°,
p. 81). »

</td>
</tr>
</table>

L'assemblée était, il est vrai; placée entre le peuple et le *pouvoir* exécutif, mais non le *gouvernement*, puisqu'elle faisait
partie intégrale et majeure du gouvernement. Son devoir était
donc d'intervenir, et ce n'était *point empiéter*, c'était simplement *s'exposer à empiéter*. M. Thiers lui-même dit qu'elle prit
une résolution tout à la fois adroite et sage et qu'elle établit la

concorde et la paix. Ses changements ne sont donc pas heureux ; mais il importait au ministre de l'ordre de choses actuel de restreindre la puissance des assemblées et de les mettre en dehors du gouvernement.

C'est dans le même but qu'après nous avoir montré « les électeurs composant l'assemblée générale » réunis à l'Hôtel-de-Ville, il retranche qu'ils « y étaient réunis *pour aviser au bien public* (1ʳᵉ, p. 97 ; 6ᵉ, p. 87). »

Enfin un homme qui a mis en suspicion et dissout des gardes nationales ne pouvait pas laisser dans son *Histoire de la Révolution* qu'elles étaient « chargées de la tranquillité publique (1ʳᵉ, p. 94; 6ᵉ, p. 84). » Il a supprimé ces mots.

Pour donner le change et faire croire qu'aucun retranchement et changement n'avait été fait, après 1830 M. Thiers a laissé intact le passage suivant :

« L'église de Sainte-Geneviève est érigée en Panthéon, avec cette inscription, qui n'est plus à l'instant où je raconte ces faits :

« AUX GRANDS HOMMES LA PATRIE RECONNAISSANTE. »

(1ʳᵉ, p. 306 ; 6ᵉ, p. 275). Une simple note au bas de la page, dans la sixième édition, avertit que l'inscription a été rétablie.

Un autre fait qui frappe vivement et montre quelles étaient les préoccupations de l'auteur, c'est de lui voir retrancher avec soin tout ce qui était en faveur du peuple, et laisser dans toutes ses éditions une erreur de date. Il dit que la fuite du roi à Varennes a eu lieu dans la nuit du 20 au 21 juin et qu'il parvint sans obstacle à Châlons le 21 vers les cinq heures de l'après-midi. La fuite eut lieu dans la nuit du 21 au 22: ce fut donc le 22 que le roi arriva à Châlons (1ʳᵉ, p. 317, 318 ; 6ᵉ, p. 285).

IIe vol. 1re édit.

II^c vol. 6e édit. jusqu'à la page 257.

La comparaison des seconds volumes de l'*Histoire de la Révolution française*, de M. Thiers, nous offre des changements aussi curieux que celle des premiers. C'est toujours le même homme et la même tactique. Devenu ennemi de la nation, quand il n'a plus besoin d'elle, il cherche à l'amoindrir :

« Ce n'est pas à l'instant où une nation vient tout à coup de se rappeler ses droits, qu'elle peut *renoncer à toutes ses prérogatives*, se donner un rôle secondaire (1re, p. 4 ; 6e, p. 4). »

C'est bien assez de laisser que la nation a des droits; M. Thiers a retranché, dans la sixième édition , qu'elle a des *prérogatives*.

Pour la même raison, *reprendre* le pouvoir, qui exprime une idée de justice, a été remplacé par *envahir*, qui laisse une idée de rapt: on dirait que le peuple a volé le pouvoir (1re, p. 6 ; 6e, p. 5).

Le peuple jouant un rôle sanglant dans les événements que contient ce volume, l'auteur n'a plus changé ou retranché son nom, si ce n'est une seule fois (1re, p. 138 ; 6e, p. 124).

En revanche, la cour, devenant de plus en plus intrigante à mesure que les événements se rembrunissent, M. Thiers, qui, autrefois, avait jeté sur elle de légers blâmes, les retranche autant que possible. En parlant de la maison militaire de Louis XVI, faite en 1792, il dit :

«Les officiers avaient été choisis de manière à alarmer les patriotes. Les soldats de ligne l'avaient été avec le même soin et dans le même sens, et, par leur coalition avec leurs officiers, ils abreuvaient de dégoûts tous les jeunes gardes nationaux qui étaient attachés à la cause nationale; ils les avaient même obligés de se retirer à force de mauvais traitements (1re, p. 96). »	« Les officiers et les soldats de ligne avaient été choisis de manière à alarmer les patriotes. Coalisés contre les jeunes gens pris dans les gardes nationales, ils les abreuvaient de dégoûts et même les forçaient à se retirer pour la plupart (6e, p. 86-87). »

L'auteur dit plus loin que la reine comptait sur l'invasion, puis il s'écrie : « Que ne s'épargnait-elle une faute et des malheurs ! (1re, p. 173 ; 6e, p. 155) ». Cette exclamation a été retranchée : la cour se trouve un peu déchargée du grave et juste reproche d'avoir amené les étrangers en France, et le poids d'événements malheureux pèse en entier sur le peuple.

Après les journées du 20 juin 1792 Lafayette était :

<table>
<tr><td>« Un général qu'on ne supposait pas capable de s'unir à la cour pour livrer la France, mais qu'on voyait disposé à la soutenir contre les justes reproches qu'on lui adressait (1re, p. 176)».</td><td>« Un général qu'on ne supposait pas capable de s'unir à l'émigration pour livrer la France, mais qu'on voyait disposé à soutenir la cour contre le peuple (6e, p. 158) ».</td></tr>
</table>

Avec quel art ce passage est changé ! *La cour* ne veut plus *livrer la France*, et même on ne lui adresse plus *de justes reproches*. Comme M. Thiers oppose avec adresse Lafayette et le peuple ! Le général est donc l'ennemi du peuple, et le peuple est donc bien méprisable pour que Lafayette se tourne contre lui ! Vraiment on jurerait que ce passage a été corrigé par un disciple de Loyola.

L'auteur a fait une grande coupure dans le chapitre où il se résume sur l'Assemblée constituante.

Le parti populaire et la cour étaient irrités contre les Constituants :

« Des deux côtés on les accuse, et, suivant l'usage, on leur fait les reproches les plus contraires. Pourquoi, disent ceux qu'ils ont troublés dans leurs injustes jouissances ; pourquoi ont-ils donné le signal de la guerre ? Pourquoi ! parce qu'il faut que justice se fasse ; parce que, lorsque le présent est insupportable, il est permis de se jeter dans l'avenir, même incertain ; parce qu'il faut que l'homme redevienne homme, même au prix des calamités ; et tel est le vœu de la nature, puisqu'elle lui a donné pour se développer la force et la témérité de briser tous les obstacles.

« Pourquoi, s'écrient, au contraire; ceux dont les constituants ont voulu arrêter les débordements; pourquoi ont-ils voulu arrêter une révolution qu'ils avaient commencée? Parce que, lorsque assez de droits sont rendus aux peuples, lorsque la justice leur est restituée, le devoir est de ne pas poursuivre de nouvelles acquisitions à travers de périlleux hasards; parce que, lorsqu'on a arraché à ceux qui avaient trop la portion qu'ils ne pouvaient garder sans iniquité, il faut leur laisser le reste, par cela seul qu'ils l'eurent autrefois. Ce qui fut, quand il n'est pas inique, mérite d'être encore (1ʳᵉ, p. 8 et 9; 6ᵉ, p. 7). »

On trouve aussi dans la sixième édition de grands changements dans des passages où il est question de l'Assemblée législative.

<table>
<tr><td>

« L'assemblée ne suivait pas ce mouvement insurrectionnel aussi vite que les autorités inférieures, parce qu'elle était moins agissante en sa qualité de corps délibérant, et parce que, chargée de veiller aux lois, elle était obligée de les respecter davantage. Elle se trouvait ainsi fréquemment devancée par les autorités inférieures, et se voyait obligée de lutter pour reprendre le pouvoir qui lui échappait (1ʳᵉ, p. 254).»

</td><td>

« L'assemblée ne suivait pas le mouvement insurrectionnel aussi vite que les autorités inférieures, parce que, chargée de veiller sur les lois, elle était obligée de les respecter davantage. Elle se trouvait ainsi fréquemment devancée par les corps populaires, et voyait le pouvoir s'échapper de ses mains (6ᵉ, p. 228)».

</td></tr>
</table>

Une centaine de pages auparavant, le passage suivant a été retranché :

« En voyant de la sensibilité partout, on se demande souvent, au milieu de ces scènes douloureuses, où sont les méchants. Ils existent pour l'homme de parti; ils sont rares pour l'historien impartial, qui voit des idées opposées, des erreurs, des méfiances, et les haines exaltées qui les suivent, mais peu de projets scélérats (1ʳᵉ, p. 157, 6ᵉ, p. 140). »

Dans l'Assemblée législative « les prétendus impartiaux n'étaient plus que de *lâches* indifférents, toujours plus soumis à mesure que la majorité devenait plus puissante (1ʳᵉ, p. 99, 6ᵉ, p. 90). » Voulant faire une juste, mais amère application de ce passage à grand nombre de nos centriers, M. Thiers a supprimé le mot *lâche* qui n'est plus mérité de nos jours, les dangers étant nuls : mais après le mot *n'étaient*, il a ajouté : *comme de tout temps* que des indifférents.

Dans le second volume, comme dans le premier, nous trouvons un changement dans la citation de paroles prononcées par un membre de l'Assemblée législative. Qu'importe à l'auteur d'être textuel ? que lui importe la vérité historique ? C'est la moindre de ses préoccupations.

Quand Dumouriez, ministre de la guerre, lut à l'assemblée un mémoire sur l'état de l'armée, il y régna une grande agitation.

« L'entendez-vous, s'écria Guadet, il nous donne des conseils (Iʳᵉ, p. 116.)»	« L'entendez-vous, s'écria Guadet, il nous donne des leçons (6ᵉ, p. 104).»

Quelques pages plus loin, on remarque la coupure suivante :
« Le vrai lui-même s'use chez nous quand il est trop répété (1ʳᵉ, p. 154 ; 6ᵉ, p. 138) ».

A la fin du chap. IV, M. Thiers a ajouté, dans sa sixième édition, un alinéa qui ne se trouve pas dans la première.

« Mais il était décidé que tous les moyens et les projets de transaction échoueraient ; et la catastrophe, prévue et redoutée, arriva bientôt, comme nous le verrons ci-après (1ʳᵉ, p. 237; 6ᵉ, p. 212). »

Ces mots nous montrent l'auteur revenant à son système fataliste. L'*Histoire de la Révolution française* est semée de phrases dans le genre de celle-ci : « Le reste n'est plus qu'un accident inévitable et qui n'est imputable qu'au hasard (1ʳᵉ, p. 284 ; 6ᵉ, p. 254). » Mais nous voyons, dans les nouvelles éditions, M. Thiers appuyer encore plus sur ces terribles et désespérantes doctrines. Dans le premier volume, il rendait matérialistes des paroles de Mirabeau ; dans celui-ci, il admet que la

marche des événements est immuablement décidée. C'est l'ab-
négation complète de la liberté humaine. Celui qui déserte la
cause de la liberté politique, et cela dans un but tout personnel
et égoïste, naturellement doit vouloir nous ravir jusqu'à notre
liberté morale et intellectuelle.

Dans la sixième édition, M. Thiers professe des principes mo-
narchiques qu'il était loin de partager avant d'être un habitué
du Palais-Royal et des Tuileries.

La liste civile de Louis XVI, disait-il autrefois, étant épuisée,
des amis généreux s'empressèrent de faire des prêts au roi. Depuis que M. Thiers est à la cour, il reconnaît que le roi ne doit
pas avoir d'amis; il ne peut y avoir que des *sujets*. Aussi c'est
ce dernier mot qui se trouve dans la sixième édition (1ᵉ, p. 255;
6ᵉ, p. 229).

Autrefois, il ne craignait pas de dire que les gouvernements
ont le *désir de se conserver* (1ʳᵉ, p. 32; 6ᵉ, p. 28). Maintenant il
supprime ces mots qui pourraient donner l'éveil au peuple. En
effet, il est attaché à un gouvernement qui, depuis 1830, moment où il s'est établi, fait tous ses efforts pour se consolider
au détriment de la liberté. Il craint la *souveraineté du peuple*,
il veut pouvoir la maîtriser. A Paris, la garde nationale est
privée de son artillerie, puis elle est négligée; dans les pro-
vinces, on la dissout, et malgré la Charte, on ne la réorganise
pas; les troupes campent, en grand nombre, dans la capitale
et aux environs ; la garde municipale se double d'abord, puis
se quadruple quelques années après; les corps de gardes de
viennent de petites bastilles; les fortifications, une fois aban-
données, sont reprises, se finissent et s'arment.

Un roi mis en présence du pouvoir cherchera toujours à
s'en emparer. M. Thiers le reconnaît lui-même.

« Les rois de Danemarck, de Suède, de Pologne, placés en
présence du pouvoir, n'ont pu se résigner à n'en avoir qu'une
petite partie, et ont fini par l'envahir tout entier (1ʳᵉ, p. 3; 6ᵉ,
p. 3). »

Ce passage est supprimé dans la sixième édition. L'auteur craignait de réveiller de justes susceptibilités. On aurait pu en faire l'application, et, en bon courtisan, il a retranché ces mots, qui déplaisaient en haut lieu.

IIIe vol., 1re édit.

6e, II° vol., de la p. 258 à la fin. IIIe vol. jusqu'à la p. 270.

Le troisième volume de la première édition de l'*Histoire de la Révolution* renferme un AVIS qui a été supprimé dans toutes les autres éditions. M. Thiers s'excuse des lenteurs qu'éprouve la publication de son ouvrage. Avant lui l'histoire de la Convention « n'a été ni bien ni mal faite, elle ne l'a pas été du tout ». Il ajoute : «Nous ne possédons rien sur cette époque *la plus extraordinaire de l'humanité*. Il n'est arrivé jusqu'à nous que des cris douloureux ; mais personne ne nous a peint encore ces bourgeois passant tout à coup des occupations les plus vulgaires aux soins les plus difficiles du plus combattu et du plus laborieux des gouvernements ; soulevant la nation, l'arrachant aux douceurs de la civilisation, mettant dix-huit cent mille hommes sous les armes, domptant l'héroïsme de la Vendée, déjouant la politique de Pitt, et brisant la coalition de l'Europe ; créant en même temps une nouvelle organisation sociale, une nouvelle administration civile et militaire, un nouveau système économique et financier ; imaginant une nouvelle division du temps, des poids et de l'étendue ; et joignant à l'audace des conceptions une vigueur d'exécution inexorable ; personne, dis-je, ne nous les a peints employant tour à tour le langage des halles et celui de la plus sublime éloquence, émettant 44 milliards d'assignats et dînant à trente sous par jour ; traitant avec l'Europe et se rendant aux Tuileries en veste et à pied ; joignant quelquefois enfin à une cruauté politique inouie la plus grande bonté personnelle. Ce tableau est donc tout neuf, et je ne me flatte pas d'avoir réussi à le tracer; car, pour passer du comité des achats, du grand-livre, du *maximum*, **aux** plans victorieux de 1794, à la guerre civile de la Vendée, à l'organisation du comité de salut public, aux massacres de septembre et du tribunal révolutionnaire, à la mort héroïque des Girondins, au génie inconséquent mais si vaste de Dumouriez, au génie passionné de Danton, aux extravagances et aux ordures de Marat, à l'envie sombre et souffrante de Robespierre, il faut une force, une dextérité, une souplesse de talent, et une multiplicité de connaissances, qu'un seul homme a rarement et que j'ai moins que tout autre.»

Bravo! dans le jeune écrivain on devine déjà l'habile ministre qui joue la guerre pour obtenir des bastilles autour de Paris. Comme cette feinte modestie est bien calculée! Si l'ouvrage ne réussit pas, ce n'est point étonnant, la tâche était rude et colossale, un jeune historien ne pouvait en venir à bout. Si l'ouvrage a du succès, quelle gloire! l'auteur est plein *de force, de dextérité, de souplesse*, il possède une *multiplicité de connaissances qu'un seul homme a rarement.* M. Thiers fait lui-même son apothéose, il se décerne les plus flatteurs éloges.

Ce troisième volume contient encore beancoup de changements ; tous sont faits dans le même esprit que ceux que nous avons relevés dans les précédents volumes.

Ce sont encore des citations modifiées et altérées. Membre de l'Académie française, M. Thiers ne se fait aucun scrupule de corriger les discours de Vergniaud, cet éloquent orateur de la Gironde.

Après le 10 août Vergniaud répondit aux pétitionnaires qui demandaient qu'on changeât la suspension du roi en déchéance:

« Je suis charmé qu'on me fournisse l'occasion d'expliquer
« l'intention de l'assemblée en présence des citoyens. Elle a
« décrété la suspension du pouvoir exécutif, et a nommé une
« Convention qui déciderait irrévocablement la grande ques-
« tion de la déchéance : *en cela, elle s'est bornée à ses droits*, qui

« ne lui permettaient pas de se faire juge elle-même de la
« royauté, et elle a pourvu au salut de l'État en mettant le
« pouvoir exécutif dans l'impossibilité de nuire. Elle a satisfait
« ainsi à tous les besoins en demeurant *dans la limite de ses*
« *pouvoirs* (1ʳᵉ, p. 11) ». Dans la sixième édition (v. II, p. 267-
268) on lit : *en cela elle s'est renfermée dans ses pouvoirs* et elle
est demeurée *dans la limite de ses attributions.*

Ce sont des excuses supprimées. Ainsi, M. Thiers, à propos
des massacres de septembre, avait dit. en parlant des Girondins : « Ils ne pouvaient empêcher les excès qui se préparaient
1ʳᵉ, p. 52; 6ᵉ, v. II, p. 303) » . Ces mots ont été retranchés.

Ce sont des éloges amoindris. Quand Vergniaud prend la
parole pour la première fois dans le procès de Louis XVI, « on
écoute avec un empressement et une attention extraordinaires,
les Girondins s'exprimant par la bouche de leur plus noble et de
leur plus éloquent orateur (1ʳᵉ, p. 397 ; 6ᵉ, p. 256) ». Dans la
sixième édition le mot *attention* est retranché, et les épithètes
plus noble, plus éloquent sont remplacées par le terme vague de
plus grand orateur.

Les députés des sections réunis à l'Hôtel-de-Ville, le 10
août, « avaient tout l'emportement, l'orgueil et l'énergie de la
victoire (1ʳᵉ, p. 4; 6ᵉ, IIᵉ v., p. 261). *L'orgueil et l'énergie* ont
été effacés.

Le ministre Roland réclama contre les massacres de septembre, il « trouvait en lui la force stoïque, et dans sa femme cet
élan généreux qui vole au devant de la bonne action péril-
leuse (1ᵉʳ, p. 84 6ᵉ, IIᵉ v., p. 331) ». Cette phrase a été suppri-
mée dans la sixième édition.

En voyant la contenance tranquille de Louis XVI au moment où il était traduit à la barre de la Convention. « Saint-
Just, Robespierre et Marat lui-même sentent défaillir leur fanatisme (1ʳᵉ, p. 360) ». M. Thiers a rendu ce passage bien plus
injurieux pour Robespierre et Saint-Just en ne faisant plus de
différence entre eux et l'ignoble Marat. « Saint-Just, Robespierre,

Marat sentent défaillir eux-mêmes leur fanatisme (6°, p. 202)».
Nous allons encore signaler quelques changements.

« Toutes les exhortations de l'é-pouse de Roland suffisaient à peine pour *exciter* (Vergniaud) cet athlète souvent *oisif*, souvent opposé aux imprudentes *saillies* de ses amis (1re, p. 150). »	« Toutes les exhortations de l'é-pouse de Roland ne **réussiraient pas** toujours à *éveiller* cet athlète, sou-vent *dégoûté des hommes*, souvent opposé aux imprudences de ses amis (6°, p. 14). »
« Merlin… député à la Législative, où il *se lia intimement avec les jacobins Chabot et Bazire* (1re, p. 168). »	« Merlin… député à la Législa-tive, où il *se signala parmi les pa-triotes les plus prononcés* (6°, p. 30). »
« Monge enfin, esprit *sec*, mathé-matique, *éloigné* des théories mo-rales de la Gironde, *trouvait plus de sûreté* à suivre Pache, laissait, comme lui, envahir son administra-tion par les jacobins; et sans dés-avouer *aussi lâchement* ses bienfai-teurs, partageait cependant les éloges donnés à *la modestie* et à *l'application* du ministre de la guerre (1re, p. 303). »	« Monge enfin, esprit mathémati-que, *patriote prononcé, peu disposé* pour les théories *un peu vagues* des Girondins, suivait l'exemple de Pa-che, laissait envahir son ministère par les jacobins, et sans désavouer les Girondins auxquels il devait son élévation, recevait les éloges de leurs *adversaires*, et partageait *la popularité* du ministre de la guerre 6°, p. 152). »

Dans la première édition, M. Thiers avait constamment écrit *Valmi* par un *i*. Depuis, ayant entendu beaucoup parler de ce combat, en 1830, il a adopté la vraie orthographe, *Valmy*, par un *y*.

Au commencement de cette brochure nous avons remarqué que l'auteur de l'*Histoire de la Révolution* n'accordait aucune im-portance à tout ce qui a précédé la convocation des États-géné-raux sous Louis XVI. On dirait, en lisant son livre, que tout sen-timent généreux, que toute civilisation, tout progrès, toute gloire ont commencé seulement à cette époque. La belle et brillante his-toire de la France sous la royauté est, par lui, complétement négli-gée. Nous ne pouvions en connaître le motif. Heureusement M. Thiers, lui-même, nous le fait deviner. Ce motif: c'est une igno-rance complète de l'histoire de France. M. Thiers l'historien, jour-naliste ou ministre, ne connaît pas l'histoire de son pays. Nous lisons dans toutes les éditions de son ouvrage. On se formait, à Paris, une fâcheuse opinion des opérations de Dumouriez dans l'Argonne. « Cependant cette immense capitale, QUI N'AVAIT JAMAIS VU L'ENNEMI DANS SON SEIN, et qui se faisait de sa propre puissance une idée proportionnée à son étendue et à sa population, se figurait difficilement qu'on pût pénétrer dans ses murs (1re, p. 47 ; 6e, II v., p. 299). » Tous les bacheliers, M. Thiers, vous apprendront que Paris a été occupé par les Anglais, sous le règne d'Henri V. Il n'est pas un homme du peuple qui ne connaisse ce fait. Il n'est donc pas un bachelier ou un homme du peuple qui ne puisse vous donner une leçon d'histoire.

Toutes les fois que notre auteur veut remonter aux événements qui ont eu lieu avant 1789, il commet des bévues énormes. En voici un dernier exemple ; il est tiré du même volume et du même chapitre que le précédent. En parlant des horribles journées de septembre, la Saint-Barthélemy de la révolution, M. Thiers dit que Marat et Danton « formèrent un complot dont plusieurs siècles ont donné l'exemple, mais qui, à la fin du dix-huitième, ne peut pas s'expliquer par l'ignorance des temps et la férocité des mœurs. » Le siècle de Louis XIV, siècle de notre belle littérature, siècle des belles manières qui nous ont valu une réputation européenne de courtoisie et de politesse, ne peut pas être rangé parmi les siècles *d'ignorance* et *de férocité* ; pourtant l'histoire de cette époque contient des pages toutes tachées de sang. Les *dragonades* sont venues jeter la consternation dans le pays. Ces tristes exécutions n'étaient motivées ni par l'exaltation qui régnait en 93, ni par un danger imminent, menaçant la France. J'ai horreur des massacres de septembre, loin de moi la pensée de les excuser ; seulement je veux faire ressortir la nullité des connaissances historiques de M. Thiers.

IVe volume et suivant des deux éditions.

Nous réunissons tous les volumes de l'*Histoire de la Révolution* que nous n'avons pas encore examinés. Ils ne contiennent plus que de légers et rares changements, tous dans l'esprit qui a déterminé ceux que nous venons de relever. L'auteur, déjà dans la première édition , avait largement modifié ses idées en publiant le quatrième volume; on y lit à la page 44, à propos des assemblées des sections, après le procès de Louis XVI :

« Les anciennes créatures de la noblesse, les anciens domestiques des émigrés, tous les oisifs turbulents qui, entre les deux causes opposées, avaient préféré la cause aristocratique,se rendaient dans quelques sections, où *une bourgeoisie honnête* persévérait en faveur des Girondins, et se cachait derrière cette opposition raisonnable et sage pour combattre les Montagnards et TRAVAILLER EN FAVEUR DE L'ÉTRANGER *et de l'ancien régime* (6_e IIIe V., p. 309). »

Après avoir parlé avec complaisance de cette *bourgeoisie honnête travaillant en faveur de l'étranger*, il n'est point étonnant que les passages trop bien pensés soient rares, et, par conséquent , il ne devait plus y avoir de retranchements à faire.

Je crois pourtant devoir relever un changement étrange et fort peu galant qui se trouve dans le sixième volume (1_{re}, p. 357; 6, p. 109) :

« L'empressement des femmes est le symptôme de l'engouement; il est complet dès qu'elles y concourent par leurs soins actifs , leurs discours, leurs adorations ».	« L'empressement des femmes est toujours le symptôme le plus sûr de l'engouement public. *C'est elles* qui, par leurs soins actifs, leurs discours, leurs sollicitudes, *se chargent d'y ajouter le ridicule.* »

Qu'est-ce qui a motivé cette sortie contre les femmes? Ce n'est pas pour améliorer le style que M. Thiers a fait ce chan gement. Nous trouvons dans la nouvelle édition une faute de français qui n'existe pas dans l'ancien texte. Ce *c'est elles* est bien malheureux!

La comparaison de ces deux éditions de l'*Histoire de la Révolution française* a mis tout le monde à même d'apprécier l'homme qu'un parti bâtard veut faire chef de l'opposition. Ministre ambitieux, il ne connaît seulement pas l'histoire de son pays. Sans idées arrêtées, sans convictions, se débattant contre son passé, cet homme abandonne la cause de la souveraineté du peuple pour se dévouer au pouvoir. S'il feint d'être indépendant, s'il fait résonner bien haut les mots d'*honneur national*, ce n'est que pour entourer la capitale de bastilles. Toutes les fois qu'il parle de liberté, c'est un piége qu'il tend, c'est une comédie qu'il joue. Assez de fois la France s'est laissée prendre à cet indigne stratagème. Les hommes vraiment désireux de défendre la cause du peuple doivent donc repousser toute alliance avec M. Thiers. Qu'ils aient foi en la justice de leur cause et en leurs propres forces.

Il vient de paraître, *à Paris, n. 11, rue Neuve-Saint-Marc,* une publication mensuelle écrite avec bonne foi et conviction. Son titre, L'AMI DU PEUPLE, prouve qu'elle est franchement démocratique.

Un numéro par mois, de 64 pages. Chaque numéro contient un long article complet, occupant environ **50 pages**; quelques faits, quelques observations ; et un tableau mensuel de l'état moral et politique des divers pays.

Le premier numéro de chaque année, c'est-à-dire celui de septembre, sera double, 128 pages; il renfermera un calendrier, une revue des événements de l'année, et des articles divers; ce sera un vrai almanach.

L'AMI DU PEUPLE est, à proprement parler, une série de brochures sur les questions les plus actuelles et les plus intéressantes. Sa rédaction est confiée aux hommes indépendants les plus distingués.

Deux volumes par an, avec titres et tables.

Prix d'abonnement : 6 fr. par an pour Paris, 7 fr. pour les départements. Chaque numéro pris séparément, 50 centimes, 60 centimes par la poste.